J'AIME AIDER LES AUTRES
I LOVE TO HELP

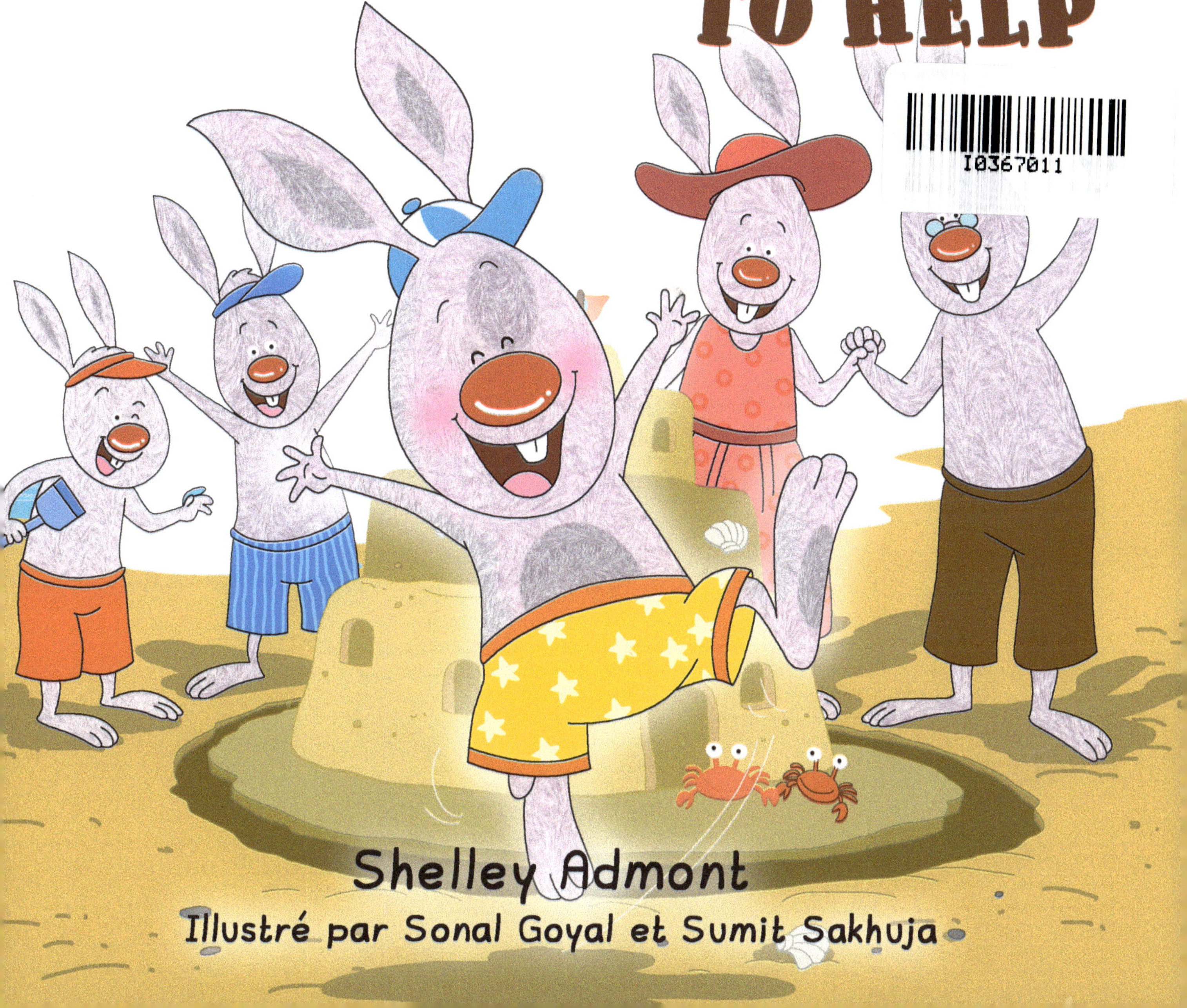

Shelley Admont

Illustré par Sonal Goyal et Sumit Sakhuja

www.kidkiddos.com
Copyright©2016 by S.A.Publishing ©2017 by KidKiddos Books Ltd.
support@kidkiddos.com

All rights reserved. No part of this book may be reproduced in any form or by any electronic or mechanical means, including information storage and retrieval systems, without written permission from the publisher or author, except in the case of a reviewer, who may quote brief passages embodied in critical articles or in a review.
Tous droits réservés. Aucune reproduction de cet ouvrage, même partielle, quelque soit le procédé, impression, photocopie, microfilm ou autre, n'est autorisée sans la permission écrite de l'éditeur.
Second edition, 2019

Tranlsated from English by Sophie Troff
Traduit de l'anglais par Sophie Troff

Library and Archives Canada Cataloguing in Publication
I Love to Help (French English Bilingual Edition)/ Shelley Admont
ISBN: 978-1-5259-1624-3 paperback
ISBN: 978-1-77268-898-6 hardcover
ISBN: 978-1-77268-896-2 eBook

Please note that the French and English versions of the story have been written to be as close as possible. However, in some cases they differ in order to accommodate nuances and fluidity of each language.

Pour ceux que j'aime le plus-S.A.
For those I love the most-S.A.

Jimmy bondissait autour de la voiture, tout excité.
Jimmy bounced around the car in excitement.

– On va à la plage ! criait-il joyeusement. On va à la plage !
"We're going to the beach!" he shouted happily. "We're going to the beach!"

Papa a ouvert le coffre de la voiture en riant.
– C'est vrai, a-t-il dit, c'est une belle journée ensoleillée et on doit se dépêcher de partir.
Dad laughed as he opened the trunk of the car. "That's right!" he said, "It's a lovely sunny day and we want to get going quickly."

– Pourquoi tu ne nous aiderais pas à porter les affaires dont on a besoin à la voiture ? Suis l'exemple de tes frères.
"Why don't you help us carry the things we need to the car? Your brothers are helping already."

Jimmy a arrêté de bondir dans tous les sens et il a regardé vers la porte de leur maison.

Jimmy stopped bouncing and looked towards the front door of their house.

Les deux frères de Jimmy aidaient à porter les affaires dans la voiture.

Jimmy's two brothers were helping carry things to the car.

Son frère aîné avait un seau rose garni de pelles à la main, et son frère cadet portait le panier du pique-nique.

The oldest brother had colorful buckets and spades in his hands, and the middle brother was carrying the picnic basket.

– Viens, Jimmy ! l'a appelé maman du seuil de la maison. Tu peux porter le sac de serviettes ou le siège de plage. Ils ne sont pas très lourds.

"Come, Jimmy!" Mom called from the doorway. "You can carry the bag of towels or this small beach chair. It won't be very hard."

– Non, merci ! a-t-il répondu en grimaçant. Je suis trop occupé à faire des BONDS !

Jimmy looked at the towels and chair. "No, thank you!" he said with a grin. "I'm too busy JUMPING!"

La forêt où ils vivaient n'était pas très loin de la plage et Jimmy s'est trémoussé d'excitation sur son siège pendant tout le trajet.

The forest where they lived was not too far from the beach and Jimmy wriggled with excitement the whole way.

Quand il a vu le sable doré et l'eau bleue scintillante de la mer, il a commencé à sauter sur la banquette.

When he saw the golden sands of the beach and the sparkling blue water of the sea, he started jumping in his seat.

– Voilà, nous y sommes, a dit papa. Sortons profiter de cette belle journée !

"Alright, we are here," said Dad. "Let's get out and enjoy the day!"

*Jimmy est descendu de la voiture.
– C'est incroyable, s'est-il exclamé en courant vers la mer.*

Jimmy got out of the car. "This is amazing," he exclaimed and ran down towards the water.

– Attends ! a crié maman derrière lui. Tu dois nous aider à sortir les affaires de la voiture.

"Wait!" Mom called after him. "You've got to help us to take everything out of the car."

*Jimmy s'est retourné, en faisant un signe de la main à toute la famille.
– Non, merci ! a-t-il dit. Il faut que je construise un CHÂTEAU DE SABLE GÉANT !*

Jimmy turned around, waving at his family. "No, thank you!" he said. "I've got to build a GIANT SANDCASTLE!"

Il a couru jusqu'à un endroit idéal sur la plage, juste à côté de la mer, et s'est mis à ramasser du sable dans ses mains.

He ran to a perfect spot on the beach, right next to the sea, and started to scoop sand into his hands.

Jimmy s'amusait tellement qu'il n'a pas remarqué que tous les membres de sa famille étaient occupés à transporter les affaires de la voiture jusqu'à la plage.

Jimmy was so busy having fun that he didn't notice his family going to and from the car, carrying objects down to the beach.

Pendant ce temps, le château de sable montait de plus en plus haut.

Meanwhile, the sandcastle grew bigger and bigger.

Jimmy utilisait le seau pour ériger des tours, construire des murailles de sable pour les relier, et il avait même commencé à creuser des douves à l'extérieur pour protéger le château.

Jimmy used the buckets to build towers, made a great wall of sand joining them and even started digging a moat around the outside to keep the castle safe.

– Mon château va être si beau qu'un roi et une reine vont vouloir venir l'habiter ! a dit Jimmy, imaginant des chevaliers et des serviteurs minuscules qui s'affairaient à l'intérieur.

"My castle is going to be so big, a King and Queen are going to want to move in!" Jimmy said, imagining tiny knights and servants running around inside.

Pendant que Jimmy construisait son château, ses grands frères ramassaient les plus gros coquillages qu'ils pouvaient trouver.

While Jimmy was working on his castle, his older brothers were hunting for the biggest shell they could find.

Papa est parti se baigner dans la mer et observer les poissons avec son masque et maman s'est allongée sur une serviette de plage un peu plus haut.

Dad went swimming in the sea, looking at the fish with his snorkel, and Mom lay on a towel further up the beach.

Jimmy était tellement concentré sur son château qu'il n'a pas vraiment porté attention à ce que faisaient les autres membres de sa famille jusqu'à ce que...

Jimmy was so focused on his castle that he didn't really notice what the rest of his family were doing until...

– Attention ! Jimmy a entendu son père crier.

"Watch out!" Jimmy heard his dad shout.

Il a levé les yeux, juste à temps pour voir une immense vague déferler vers lui !

He looked up just in time to see a giant wave rising up beside him from the sea!

– Oh, non ! a hurlé Jimmy au moment où la vague s'écrasait sur lui. Quand la mer s'est retirée, Jimmy gisait sur le dos et essayait de reprendre son souffle.

"Oh no!" cried Jimmy as the wave crashed down on top of him. When the water pulled away, Jimmy lay on his back and tried to catch his breath.

– Beurk ! Jimmy a recraché l'eau salée et a retiré des algues enroulées autour de ses oreilles.

"Yuck!" Jimmy spat out salty water and pulled seaweed from behind his ears.

Puis il a levé la tête pour voir ce qui était arrivé à son château.

Then he looked up to see what had happened to his castle.

– Nooon ! s'est-il écrié. Ses murailles et ses douves ne l'avaient pas protégé du tout. Il était complètement effondré !

"Noooo!" he cried. His walls and moat had done nothing to protect it. It was completely destroyed!

Jimmy a senti des larmes brûlantes rouler sur ses joues tandis qu'il contemplait le château en ruines.

Jimmy felt hot tears on his face as he looked at the ruined castle.

Maman s'est agenouillée à côté de lui et lui a fait un câlin. Ses frères et ses parents avaient cessé leurs occupations pour venir le consoler.

Mom knelt down beside him and gave him a hug. All his family had stopped what they were doing and gathered around him.

– Je suis désolé pour ton château, a dit papa.
"I'm sorry about your castle," Dad said.

– Ouais, il avait l'air vraiment cool, a dit son frère aîné.
"Yeah, it looked really cool," said the oldest brother.

– Et immense, a ajouté son frère cadet.
"And big," agreed the middle brother.

– Ne t'inquiète pas, Jimmy. Nous allons t'aider à en reconstruire un autre, a souri maman.
Mom smiled. "Don't worry, Jimmy. We'll help you build a new one."

– Vraiment ? a demandé Jimmy.
"You will?" Jimmy asked.

– Oui ! se sont-ils esclaffés et tous ensemble, ils ont entrepris de bâtir un nouveau château de sable.
"Yes!" His family laughed and they all set about building the sandcastle again.

Quelque chose avait changé. Jimmy a réalisé qu'avec l'aide de sa famille, le château était encore plus grand et plus beau qu'avant.

Something was different this time. Jimmy realized that with his family helping him, the castle was bigger and more beautiful than before.

Quand le château a été terminé, c'était le plus beau château de sable que Jimmy ait vu de sa vie !

By the time they were finished, it was the biggest sandcastle Jimmy had ever seen!

– Regarde ! a dit son frère aîné en montrant du doigt deux crabes qui s'étaient installés à l'intérieur du château. Il y a même un roi et une reine !

"Look!" the oldest brother pointed inside. Two crabs had settled down in the center of the castle. "It even has a King and Queen!"

– C'est le plus beau château de sable de ma vie ! a dit Jimmy en bondissant tout autour.

Jimmy bounced up and down. "This is the best sandcastle ever!"

Quand l'heure de partir est arrivée, toute la famille a commencé à transporter les affaires dans la voiture.

When it was time to go, the family began taking things back into the car.

Jimmy a souri.
– Je peux vous aider ? a-t-il demandé.

Jimmy grinned. "May I help you?" he asked.

Il a apporté les serviettes jusqu'à la voiture, puis il s'est précipité pour aider à transporter le seau et les pelles.

He took the towels to the car and then ran back to help carry the buckets and spades too.

– Bravo, on a tout rangé en un rien de temps, a dit papa, en jetant un regard à la plage vide.

"Wow, we packed that really quickly," Dad said when they were done, looking at the empty beach.

Même quand ils sont arrivés à la maison, Jimmy a continué d'aider en portant les chaises de plage dans la maison.
Even when they came home, Jimmy continued to help, carrying the beach chairs back into the house.

– Je veux vous aider autant que possible, a-t-il dit à maman. C'est mieux quand on s'aide les uns les autres.
"I want to help out as much as I can," he told Mom. "Everything works out better when we help each other."

– La voiture est déchargée maintenant, mais il reste encore quelque chose, a souri maman.
Mom smiled. "Well, the car is empty now, except for one thing."

Elle a tendu la main vers la boîte à gants et a sorti un paquet de biscuits.
– Je pense qu'il faut que quelqu'un aide à finir ces biscuits avant qu'ils ne soient rassis.
Mom reached into the car and pulled out a packet of cookies. "I think someone needs to help eat these cookies before they go stale!"

– Moi, s'il te plaît ! Je peux aider, a rigolé Jimmy.
Jimmy laughed. "Yes, please! I'll help."

www.ingramcontent.com/pod-product-compliance
Lightning Source LLC
Chambersburg PA
CBHW061144070526
44584CB00033B/4412